Sybille Rogaczewski-Nogai

# Kinder basteln mit NATUR-MATERIAL

christophorus

# Inhalt

# Entdecken & sammeln

Zu jeder Jahreszeit gibt es draußen in der Natur besondere Blätter, Blüten und Früchte in verschiedenen Farben, Formen und Entwicklungsstadien zu entdecken. Kinder lieben es, im Freien zu sein und diese Schätze zu sammeln.
Selbst im eigenen Garten, mag er noch so klein sein, finden sich viele Sachen, mit denen man basteln kann und die man beim ersten Hinschauen gar nicht als Bastelmaterial erkennt. Es lohnt sich, alles mit wachen Augen zweimal zu betrachten!
Zur Ergänzung der gefundenen Schätze ist weiteres Naturmaterial oft schon im Haushalt vorhanden. So eignen sich beispielsweise weiße Pfefferkörner hervorragend als Augen, getrocknete Chilischoten als Nasen, Bohnen als Ohren und Pistazien oder Erdnüsse als Schnäbel.
Einige Materialien sind auch im Hobbyfachhandel oder in Gärtnereien erhältlich, wie zum Beispiel Moose, die man besser kauft, da einige Arten unter Naturschutz stehen.
Jetzt fehlen nur noch Klebstoff und ein ruhiger Arbeitsplatz, an dem es auch mal ein wenig schmutzig werden darf. Dann kann es losgehen mit dem Kombinieren von Blättern, Zapfen, Kastanien und Nüssen, Ästen, Federn und Steinen ...
Es braucht kaum weitere Anregungen, um daraus schöne und lustige Sachen zu machen. Und eines sollte man nicht vergessen: Kein Fundstück aus der Natur gleicht exakt dem anderen. Daher unterscheiden sich die gebastelten Ergebnisse sicherlich auch von den abgebildeten Modellen und sind dafür ganz individuell!

Viel Spaß beim Sammeln und Basteln!

Sybille Rogaczewski-Nogai

# Mit Naturmaterial basteln

## Naturmaterial sammeln

Naturmaterial bitte umweltverträglich sammeln, denn nur ein verantwortungsbewusster Umgang mit der Natur sichert den Sammelspaß in den folgenden Jahren. Keine Zweige von Sträuchern und Bäumen reißen, das ergibt Wunden. Die Pflanzen können krank werden und absterben.

Nur Äste und Zweige verwenden, die auf dem Boden liegen oder von gefällten Bäumen stammen. Die meisten Früchte fallen von allein ab, auch hier wieder den Boden absuchen und nichts abreißen.

Zapfen und schöne Zweige kann man gut aufbewahren und so auch im Frühjahr noch damit basteln.

Unter Naturschutz stehende Pflanzen sind tabu.

## Trocknen

Herbstblätter ohne Überlappungen zwischen Zeitungspapier legen, mit Büchern beschweren und einige Tage an einem nicht zu warmen Platz trocknen. Blätter auch ungepresst trocknen lassen: Sie wölben sich und sehen dadurch interessant aus.

Das übrige Naturmaterial auf Zeitungspapier ausbreiten und an einem kühlen Ort an der Luft trocknen lassen. Die Teile nicht über der Heizung oder neben dem Ofen trocknen, sie schrumpfen sonst schnell und werden brüchig.

Bitte beachten: Je nach Weiterverarbeitung werden Kastanien und Eicheln mit einem Nagelbohrer vorgebohrt. Das geht leichter mit frischen Früchten, denn die getrockneten sind sehr hart.

Nicht alle Naturmaterialien eignen sich zum Basteln, manche werden beim Trocknen unansehnlich oder zerfallen.

## Aufbewahren

Zum Sammeln und Aufbewahren Stofftaschen oder Pappkartons verwenden. In Plastiktüten faulen und schimmeln die meist noch feuchten Naturmaterialien.

## Kleben

Je nach Material eignet sich ein Alles- oder Kraftkleber. Bei der Verwendung von Kraftkleber beide Teile mit Klebstoff bestreichen und diesen vor dem Zusammenfügen etwas antrocknen lassen.

Empfehlenswert ist auch die Klebepistole LT 110 von UHU. Sie arbeitet mit niedrigerer Temperatur als übliche Heißklebepistolen: 110 °C statt 210 °C.

## Hilfsmittel

Diese Hilfsmittel werden immer wieder gebraucht und sind deshalb bei den Einzelbeschreibungen nicht mehr aufgeführt: Bleistift, Schere, Lineal, Klebstoff.

# Kleiner Naturführer

1 Schoten und Samen des einjährigen Silberblattes
2 Samen der Rosskastanie
3 Stein des Walnussbaums
4 Fruchthülle der Eichel („Eichelhütchen")
5 Fruchtzäpfchen und Blütenkätzchen der Schwarzerle
6 Kürbis- und Melonensamen
7 Douglasienzapfen
8 Fichtenzapfen
9 Schwarzkiefernzapfen
10 Bergkiefernzapfen
11 Lärchenzapfen

12 Zapfen der Zypresse
13 Fruchthülle der Buche („Bucheckernhütchen")
14 Feuerdornbeeren, je nach Sorte in Orange oder in Rot
15 Hagebutte, Frucht der Heckenrose
16 Fruchthülle der Haselnuss
17 Getrocknete Kelchblätter von Malven
18 Fruchthülle der Lampionblume
19 Schilfrispe
20 Zweigstücke des Blutroten Hartriegels
21 Blatt vom gefiederten Wein
22 Birkenblätter
23 Blätter des Tulpenbaums
24 Feldahornblätter
25 Bergahornblatt
26 Flügelfrüchte des Ahorns
27 Blätter der Felsenbirne
28 Spitzahornblätter
29 Silberahornblatt
30 Purpur-Fächerahornblatt
31 Eichenblatt
32 Blatt und Eichel einer geschlitzten Eiche
33 Kirschbaumblatt
34 Essigbaumblätter
35 Ginkgoblatt

1
2
3
4
5
6
7
8
9
10
11
12
13
14
15
16
17
18
19
20
21
22
23
24
25
26
27
28
29
30
31
32
33
34
35

# Materialübersicht

1 Fichtenzapfen
2 Kiefernzapfen
3 Zierkürbisse
4 Maiskolben
5 Schale einer Kokosnuss
6 Holzscheibe & Astabschnitt mit Rinde
7 Märchenwolle
8 Getrocknete Orangenscheibe
9 Horngurke (Mini-Kiwano)
10 Astabschnitt ohne Rinde (vom Strand)
11 Mintolaball (Mintollaball), getrocknet
12 Stein
13 Lotusfrucht, getrocknet
14 Zweigabschnitte
15 Thujazweige
16 Baumrinde
17 Schneckenhäuser
18 Sand
19 Kleiner Tontopf
20 Stoffreste
21 Kieselsteine
22 Pfirsichkern
23 Sternanis
24 Flügelfrüchte des Ahorns
25 Gepresstes Herbstblatt
26 Meeresschnecken, Herzmuschel
27 Astscheiben
28 Moos (wegen Naturschutz vom Gärtner)
29 Kaffeebohnen
30 Eichel
31 Eichelhütchen
32 Rosskastanie
33 Schafwollkordel
34 Walnuss
35 Garnreste
36 Holzperlen
37 Bunte Pfefferkörner
38 Chilischoten, getrocknet
39 Bohnen, getrocknet
40 Haselnuss
41 Bucheckernhütchen
42 Buchecker
43 Zahnstocher, Schaschlikspieß
44 Schnurreste
45 Salignumzapfen
46 Pistazie
47 Rupfen
48 Federn
49 Erdnuss
50 Chenilledraht

1
2
3
4
5
6
7
8
9
10
11
12
13
14
15
16
17
18
19
20
21
22
23
24
25
26
27
28
29
30
31
32
33
34
35
36
37
38
39
40
41
42
43
44
45
46
47
48
48
49
50

# Frühling

Anleitung Seite 14

# Hühner im Nest

Abbildung siehe Seite 13

**Material**

- 2 runde Holzscheiben, mit oder ohne Rinde, ca. 10 cm Ø, 2,5 cm dick
- 2 Pistazien mit Schale
- 10 getrocknete Kidneybohnen
- 6 getrocknete Bohnen in Weiß
- Getrocknete Rosenblütenblätter in Rot, Gelb
- Thuja- und Buchszweige
- Je eine Papprolle, 8 cm Ø, 2 bis 4 cm hoch, z. B. Kern einer Klebebandrolle
- Dünner Allesmarker in Schwarz
- Acrylfarben in Weiß, Grün
- Pinsel

**Vorlage 1**, Seite 60

1 Von beiden Holzscheiben ein etwa 3 cm breites Teil absägen (Erwachsener!) oder in einer Schreinerei absägen lassen. Der Körper eines Hühnchens ist dann noch 7 cm hoch.

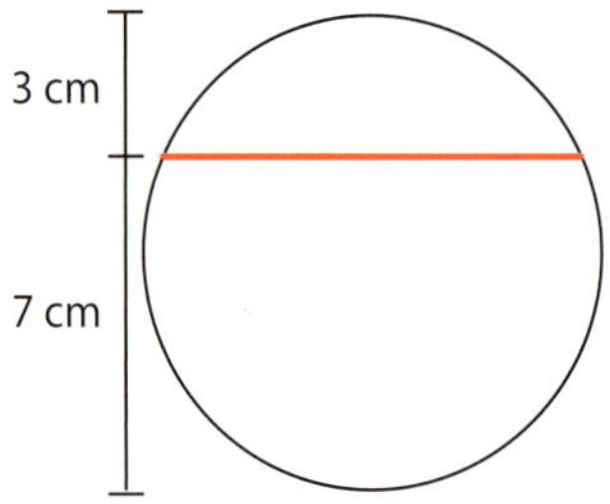


2 Pistazien als Schnäbel, rote Bohnen als Kämme und Kinnlappen sowie weiße Bohnen als Schwanzfedern aufkleben. Das geht am leichtesten mit einer Niedertemperatur-Klebepistole, siehe Tipp Seite 18.

3 Die Augen aufmalen: Mit dem Pinsel oder mit der Fingerspitze weiße Acrylfarbe punktförmig auftragen und trocknen lassen. Dann mit dem schwarzen Stift die Pupillen aufmalen. Mit der Pinselspitze auf jede Pupille einen kleinen weißen Punkt tupfen: Die Glanzpunkte lassen die Augen lebendiger erscheinen.

4 Als Flügel auf beiden Seiten Rosenblätter übereinanderlappend ankleben.

5 Die Papprollen grün bemalen, trocknen lassen und danach außen mit kleinen Thuja- oder Buchszweigen verzieren.

6 Die Hühnchen in diese Nester setzen.

# Niedliche Küken

**Material**

- Hälfte einer Kokosnussschale
- Moos (aus der Gärtnerei)
- 2 Walnüsse
- 2 Pistazien mit Schale
- 2 kleine Federn in Weiß
- Dünner Allesmarker in Schwarz
- Acrylfarbe in Weiß
- Pinsel
- Cutter

1 Die Kokosnussschale innen und am Rand dicht mit Moos bekleben.

2 Zwei Walnüsse so auf dem Moos fixieren, dass ihre abgerundeten Schmalseiten nach oben zeigen.

3 Pistazien als Schnäbel anbringen.

4 Die Augen mit weißer Acrylfarbe aufmalen und trocknen lassen. Danach die Pupillen mit Allesmarker andeuten und die Augen schwarz umranden. Mit der Pinselspitze weiße Glanzpunkte auf die Pupillen setzen, so wirken die Augen lebendig.

5 Mit dem Cutter (Erwachsener) die Fugen der Nussschalen auf den Köpfen auskratzen. Die Spitzen der Federn abschneiden und in die Fugen einkleben.

### Hinweis

Die Arbeit mit dem Cutter unbedingt einem Erwachsenen überlassen!

# Herz-Türschild

**Material**

- Etwa 60 Astscheiben, ca. 2 cm Ø, 0,3 – 0,5 cm dick
- Runde Korkscheibe, 18 cm Ø, 1 cm dick, z. B. Korkuntersetzer
- Kleingemusterte Stoffreste
- Rest von textilem Geschenkband oder Spitzenband, 1 cm breit, 16 cm lang
- 2 Reißnägel
- Transparent- oder Butterbrotpapier
- Dünne Pappe
- Plusterfarben in verschiedenen Farbtönen
- Buntstifte
- 1-Cent-Münze
- Cutter

**Vorlage 2**, Seite 61

1 Die Herzform von Seite 61 auf Transparent- oder Butterbrotpapier pausen. Das Motiv flächig auf dünne Pappe kleben und ausschneiden.

2 Diese Schablone auf den Korkuntersetzer legen und die Umrisse mit Bleistift nachzeichnen.

3 Das Herz mit dem Cutter ausschneiden (Erwachsener).

4 In der Mitte beginnend die Holzscheiben mit je einem Tropfen Klebstoff aufkleben.

5 Die Buchstaben des ausgewählten Schriftzuges mit Bleistift vorschreiben und dann mit Plusterfarbe nachziehen. Die beschrifteten Astscheiben mit Plusterfarbe umranden.

6 Mehrere Astscheiben mit Buntstiften einfärben.

7 Mit einem Centstück als Schablone kleine Kreise aus dem Stoff schneiden und auf einzelne Scheiben kleben.

8 Das Textilband doppelt legen und auf der Rückseite der Korkscheibe mittig mit Reißnägeln feststecken.

## Tipp

Anstelle der Korkscheibe kann auch feste Pappe, z. B. die Seitenwand eines Pappkartons, verwendet werden.

HIER WOHNT LOLA

# Witzige Eiertiere

**Material**

- 3 Watteeier in Weiß, 4,2 x 6 cm
- Erdnüsse mit Schale
- Bunte Federn
- Dünner Allesmarker in Schwarz
- Deckmalfarben
- Pinsel
- Cutter oder Nagelschere

1 Die Watteeier weiß lassen oder in einem hellen Ockerton bemalen.

2 Die Gesichter mit Allesmarker auf die Eier zeichnen.

3 Mit der Scherenspitze oben und an der Rückseite Löcher in die Eier bohren. Gekürzte Federn als Kopf- und Schwanzfedern einkleben.

4 Für die Füße und die Schnäbel Erdnussschalen mit dem Cutter (Erwachsener) oder mit der Nagelschere in der Mitte auseinanderschneiden. Jede Hälfte nochmals an der „Naht" entlang halbieren. Es werden für jedes Eiertier neun Viertel benötigt.

5 Jeweils sieben Schalenteile der Zeichnung entsprechend zusammenkleben. Nach dem Trocknen auch die Innenseiten mit Klebstoff füllen, ebenso die beiden einzelnen Viertel.

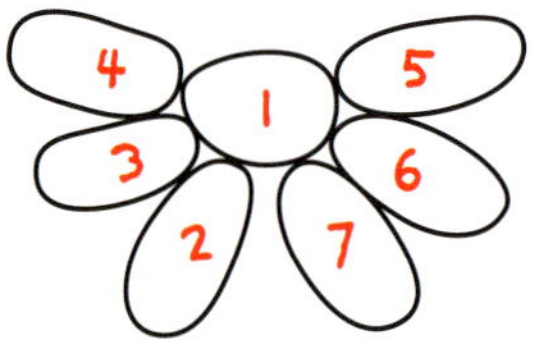


6 Nach dem Aushärten des Klebstoffs die Eier auf die „Füße" kleben und die übrigen Erdnussschalen als Schnäbel ankleben.

## Hinweis

Die Watteeier können auch durch ausgeblasene Hühnereier ersetzt werden. Deren Oberfläche sollte sauber und fettfrei sein, damit Farben und Klebstoff darauf halten.

## Tipp

Eine Klebepistole erspart das Warten, bis der Klebstoff trocknet, denn die verklebten Teile halten sofort zusammen. Dafür muss man die Teile schnell zusammenfügen, sonst ist der Klebstoff ausgehärtet.
Die Niedertemperatur-Klebepistole LT 110 von UHU arbeitet mit einer niedrigeren Temperatur als die üblichen Heißklebepistolen und kann auch von Kindern unter Aufsicht gut bedient werden.

# Kuschelige Schafe

**Material**

- 3 längliche Steine, ca. 5 x 3 cm
- 3 runde Steine, ca. 3 cm Ø
- Rohwolle in Natur, Braun
- 3 getrocknete Bohnen in Weiß
- Dünner Allesmarker in Schwarz
- Acrylfarbe in Weiß
- Pinsel
- Cutter
- Seifenstück oder Handcreme

1 Die kleineren Steine als Köpfe auf die größeren kleben und über Nacht trocknen lassen.

2 Die vordere Hälfte der Köpfe weiß bemalen.

3 Von der Wolle kleine Flocken abzupfen. Fingerspitzen und Handflächen mit Creme oder Seife einreiben und aus den Flocken kleine Kugeln rollen. Die Wollkugeln dicht nebeneinandergesetzt auf die Köpfe und die Körper kleben.

4 Die Bohnen mit dem Cutter quer halbieren (Erwachsener) und als Ohren ankleben.

5 Mit Allesmarker jeweils Augen, Nase und Mund auf die weiße Gesichtsfläche malen.

## Tipp

Steht ein Schaf nicht gerade, an entsprechender Stelle eine halbierte Bohne an die Unterseite des Steins kleben.

# Sommer

Anleitung Seite 24

# Segelboote

Abbildung siehe Seite 23

**Material**

- 3 Meeresmuscheln, z. B. Herzmuscheln
- Je 3 große und 3 kleine Haselnüsse mit Schale
- 3 kleine Eichelhütchen
- 6 Holzperlen in Natur, halb gebohrt, 1 cm Ø
- Schaschlikspieß
- Naturbastreste
- Jutebandreste, 6 cm breit, ca. 10 cm lang
- Dünner Allesmarker in Schwarz

**Vorlage 3**, Seite 60

1 Den Schaschlikspieß mit einer guten Haushaltsschere in drei Teile schneiden (Erwachsener) und jeden Abschnitt in die Bohrung einer Holzperle kleben.

2 Holzperlen und Stäbe als Segelmasten in die Muschelschalen kleben. Daneben für die Figur des Seglers jeweils eine große Haselnuss fixieren.

3 Kleine Haselnüsse als Köpfe auf die großen kleben. 2 cm lange Baststücke als Haare in den Eichelhütchen fixieren und diese auf den Köpfen befestigen. Die „Haare" zurechtschneiden und die Gesichter mit Allesmarker aufmalen.

4 Für jedes Segel ein Rechteck von etwa 6 x 10 cm aus Juteband schneiden. Zwei Ecken des Jutebandes nach der Vorlage schräg abschneiden.

5 Das Segel so halten, dass die abgeschrägten Ecken nach unten zeigen und diese Seite zuerst auf den Mast stecken. Den Rupfen nach unten ziehen und das andere Ende aufspießen. Die zweite Holzperle auf die Mastspitze kleben.

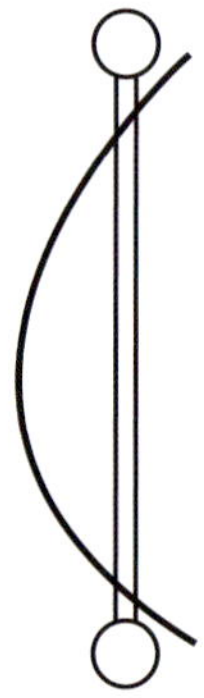

# Lustige Frösche

**Material**

- 3 Meeresmuscheln, z. B. Kamm- und Herzmuscheln, ca. 6–8 cm Ø
- 3 ovale Steine, 3 cm Ø
- 18 Pfefferkörner in Grün, 6 Pfefferkörner in Weiß
- 6 Kaffeebohnen
- Dünner Allesmarker in Schwarz

1 Die Steine als Froschkörper in oder auf der Muschelschale anbringen.

2 Auf jeden Stein zwei Kaffeebohnen kleben und darauf weiße Pfefferkörner als Augen fixieren. Mit Allesmarker Pupillen aufmalen.

3 Das Froschmaul mit einer lang gezogenen Linie andeuten. Tipp: Vorher auf Papier üben.

4 Rechts und links unterhalb der Steine jeweils drei grüne Pfefferkörner als Zehen ankleben.

## Tipp

Die Frösche machen sich gut auf der Fensterbank oder in einer Blumenschale. Sie eignen sich auch als dekorative Brief- und Zettelbeschwerer.

# Fisch im Aquarium

**Material**

- Glas, ca. 12 cm Ø, 8 cm hoch
- Sand
- Meeresmuscheln und Meeresschnecken, z. B. Herzmuscheln, davon 2 große gleicher Größe und 2 kleine gleicher Größe
- Acrylfarben in Weiß, Schwarz, Orange, Rot
- Wattestäbchen
- Pinsel

1 Das Glas etwa 1 cm hoch mit Sand füllen und zur Fixierung eine Schicht Alleskleber darauf verteilen. Mit der Düse der Klebstofftube stets etwas Abstand zum Sand und zum Glas halten.

2 Während der Klebstoff noch feucht ist, Muscheln und Schneckenhäuser in den Sand stecken: Am Rand beginnen, jedoch in der Mitte des Glases einen kleinen Kreis von 3 cm Durchmesser frei halten. Über Nacht trocknen lassen.

3 Für den Fisch zwei große Muschelschalen mit Kraftkleber an den Rändern aufeinanderkleben. Als Schwanzflosse erst zwei kleine Muschelschalen an den Wölbungen zusammenfügen, trocknen lassen und dann an der großen Muschel fixieren.

4 Den Muschelfisch orangefarben bemalen.

5 Mit dem Wattestäbchen rote Punkte als Schuppen und weiße Punkte als Augen aufdrucken. Flossen und Mund mit dem Pinsel aufmalen.

6 Den Fisch auf die freie Stelle in der Mitte ins Aquarium kleben.

# Freche Fliegen

**Material**

- 3 Erdnüsse mit Schale
- 5 Ahornflügelpaare
- 6 Pfefferkörner in Schwarz
- Dünne Wollfäden
- Zwirn in Schwarz
- Prospekt- oder Sichthülle als Arbeitsunterlage
- Dünner Allesmarker in Schwarz

1 Für jede Fliege einen 25 bis 30 cm langen Wollfaden auf die Prospekt- oder Sichthülle legen und mit Klebstoff bestreichen. Den Faden spiralförmig um die Erdnuss wickeln.

2 Als Flügel jeweils einen oder zwei Ahornflügelpaare auf die Erdnuss kleben.

3 Im Bereich der Flügel einen Aufhängefaden um den Körper wickeln und verknoten.

4 Pfefferkörner als Augen aufkleben und mit dem Allesmarker einen Mund aufmalen.

## Tipp

Die Fliegen eignen sich nicht nur als Mobile. Ohne Aufhängefaden und stattdessen mit einem Klebekissen an der Unterseite schmücken sie Spiegelränder, Blumentöpfe und Geschenkverpackungen.

# Bilderrahmen

**Material**

- Runde Korkscheibe, 18 cm Ø, 1 cm dick, z. B. Korkuntersetzer
- Kieselsteine, ca. 2–3 cm und 3–4 cm Ø, 1,5 cm dick
- Kantiger Stein, ca. 6 cm hoch
- Gehäuse von kleinen Meeresschnecken, ca. 1–2 cm lang
- Wollreste in Gelb, Orange, Rot, Braun, Schwarz
- Acrylfarben in Hautfarben, Schwarz, Weiß
- Pinsel
- Schaschlikspieß oder Zahnstocher
- Fotografie
- Glas oder Becher als Kreisschablone

1 Die größeren Kieselsteine am Rand des Korkuntersetzers zu einem Kreis aufkleben. Mit den kleineren Steinen in der Mitte der Platte einen Kreis bilden. Trocknen lassen.

2 Den Platz zwischen beiden Steinkreisen mit Klebstoff füllen. Die Schneckenhäuschen darauf verteilen und mit dem Holzstab eng zusammenschieben. Zwischen alle Steine des äußeren Kreises kleine Gehäuse einkleben.

3 Die großen Steine in verschiedenen Hautfarben grundieren. Nasen und Münder sowie Augen aufmalen: Mit dem Pinsel oder mit der Fingerspitze weiße Acrylfarbe punktförmig auftragen und trocknen lassen. Dann mit Schwarz die Pupillen ergänzen. Auf jede Pupille einen kleinen weißen Punkt tupfen.

4 Wolle als Haare ankleben. Lustig wirken verschiedene Frisuren wie geflochtene Zöpfe, kurze und lange Haare.

5 Den runden Ausschnitt mithilfe eines Glases auf dem Foto anzeichnen und ausschneiden. Das Foto auf den kleinen Steinkreis kleben.

6 Den kantigen Stein als Standhilfe an der Rückseite der Korkplatte fixieren.

# Herbst

Anleitung Seite 34

# Kürbiskumpane

Abbildung siehe Seite 33

**Material**

- 3 Zierkürbisse, 7 – 12 cm Ø
- 7 Eichelhütchen
- 4 Eicheln
- Bucheckernhütchen
- 2 Haselnüsse mit Schale
- Hälfte einer Walnussschale
- Kastanienschale
- 11 getrocknete Bohnen in Weiß
- 4 getrocknete Kidneybohnen
- Naturbast, 9 m lang
- Dünner Allesmarker in Schwarz
- Astschere

1 Die Kürbisse mit der Klebepistole (siehe Tipp Seite 18) standfest aneinanderkleben.

2 Für jeden Kürbis drei 1 m lange Bastfäden zusammennehmen und über vier Finger einer Hand wickeln. Den Strang von den Fingern abziehen und die Mitte mit einem Baststück fest abbinden. Die Enden spreizen und auf den Kürbiskopf kleben. Die Bastschlaufen aufschneiden.

3 Als Kopfbedeckung ein Eichel- oder Bucheckernhütchen oder eine halbe Walnussschale auf dem Bast befestigen.

4 Für die Augen ein Paar Eichelhütchen mit oder ohne Eichel ankleben. Mit Allesmarker Pupillen andeuten. Tipp: Die Hütchen vor dem Aufkleben mit der Astschere flach anschneiden (Erwachsener).

5 Haselnüsse oder eine halbierte Kastanienschale als Nasen fixieren.

6 Rote oder weiße Bohnen als Münder ankleben.

## Tipp

Zierkürbisse kann man leicht im Garten selber ziehen. Die Früchte möglichst lange an der Pflanze lassen und am besten erst ernten, wenn der Stiel zu trocknen beginnt. Ausgereifte Kürbisse schimmeln und faulen nicht so schnell.

# Kürbiskakteen

**Material**

- 3 Horngurken (Kürbisart), 4–6 cm lang
- Tontopf, 4,5 cm Ø
- 2 Tontöpfe, 3 cm Ø
- 17 getrocknete Chilischoten
- 28 Holzperlen in Rot, 0,7 cm Ø
- 8 Holzperlen in Gelb, 0,7 cm Ø
- Je 1 Holzperle in Gelb, 0,8 cm, 1 cm und 1,5 cm Ø
- Chenilledraht in Rot
- Dünne Allesmarker in Schwarz, Weiß

1 Die Tontöpfe innen mit Klebstoff bestreichen und die Kürbisse einstecken.

2 Die Chilischoten blütenförmig auf die Kürbisse kleben. In der Mitte jeweils eine große Holzperle fixieren.

3 Augen, Nasen und Münder mit Allesmarker aufmalen. Als Haare 1 bis 2 cm lange Chenilledrähte in die Bohrungen der Holzperlen kleben und in Form biegen.

4 Rund um den äußeren Topfrand Klebstoff punktuell auftragen, kurz antrocknen lassen und Holzperlen ankleben.

## Hinweis

Die Horngurke, auch Hornmelone genannt, ist ein Kürbisgewächs. Im Handel findet man ihre walzenförmigen, essbaren Früchte unter der Handelsmarke „Kiwano". Auffallend sind die hornartigen Auswüchse auf der Schale, die an Kakteenstacheln erinnern.

# Maistiere

**Material**

- 3 Maiskolben
- 12 Haselnüsse mit Schale
- 34–36 getrocknete Bohnen in Weiß
- Ca. 60 Pfefferkörner in Grün
- 36 getrocknete Chilischoten
- Dünner Allesmarker in Schwarz
- Stumpfe Pinzette

1 An den Stellen, wo Augen, Nasenlöcher und Zähne durch Haselnüsse und Bohnen angedeutet werden sollen, mit der Pinzette Maiskörner aus den Kolben herausziehen: Für Augen und Nasenlöcher jeweils drei Körner entfernen, für jeden Zahn aber nur ein Korn. Zwischen den einzelnen Zähnen unbedingt zwei bis drei Maiskörner stehen lassen.

2 Haselnüsse als Augen und Nasenlöcher, Bohnen als Zähne in die entstandenen Lücken einkleben.

3 Grüne Pfefferkörner gleichmäßig verteilt fixieren und trocknen lassen.

4 Die Maistiere auf die Rücken legen. Für jeden Fuß drei Chilischoten als Zehen so ankleben, dass sie seitlich unter den Körpern herausragen.

5 Mit Allesmarker Pupillen und Nasenlöcher auf die Haselnüsse malen.

## Tipp

Die Maiskolben im Freien mit Haarspray besprühen, damit das Naturmaterial länger frisch bleibt.

# Hundemeute

## Material

- Ast- und Zweigabschnitte:
  2,5 cm Ø, 5–6 cm lang (Körper),
  1,5–2,5 cm Ø, 3–4 cm lang (Köpfe),
  1,5 cm Ø, 1–2 cm lang (Hälse),
  0,5–1 cm Ø, 2–4 cm lang (Beine),
  Reststücke (Schwänze)
- Kastanienschalen
- Bucheckernhütchen
- Eichelhütchen
- Kaffeebohnen
- Pfefferkörner in Weiß
- Dünner Allesmarker in Schwarz

1 Die Einzelteile eines Hundes auf die Arbeitsfläche legen und probehalber aneinanderfügen, um die Proportionen des Tieres abzuschätzen.

2 Hals und Kopf an die Oberseite des Körpers, die Beine an die Unterseite kleben. Den Schwanz anbringen.

3 Als Ohren entweder geviertelte Kastanienschalen, Bucheckern, Eichel- oder Bucheckernhütchen ankleben.

4 Kaffeebohnen als Nasen, weiße Pfefferkörner als Augen fixieren.

5 Mit Allesmarker Pupillen und Schnauzen andeuten.

## Tipp

Die Hunde mit Halsbändern aus Geschenkbändern oder mit dreieckigen Halstüchern aus klein gemustertem Stoff ausstatten.

# Fledermaus

**Material**

- 17 Bucheckernhütchen
- Walnuss
- 3 Eichelhütchen
- 2 gepresste Ahornblätter, ca. 15 cm Ø
- Zweig oder Ast
- Chenilledraht in Braun, 60 cm
- Dünner Allesmarker in Schwarz

1 Für den Körper der Fledermaus die Bucheckernhütchen in einer Reihe aufeinanderkleben und im vordersten Hütchen eine Walnuss als Kopf fixieren.

2 Eichelhütchen als Nase und Ohren ankleben.

3 Als Arme und Beine zwei 20 cm lange Chenilledrähte mittig auf die Rückseite des Körpers jeweils unter das dritte Bucheckernhütchen – vom Anfang und vom Ende her gezählt – kleben.

4 Etwa 2,5 cm von den Drahtenden entfernt jeweils ein 5 cm langes Stück Chenilledraht um die Drähte wickeln und zu Krallen biegen.

5 Die Ahornblätter als Flügel auf den Rücken kleben. Die Arme aus Chenilledraht der Abbildung entsprechend auf den Flügeln fixieren.

6 Augen und Mund (und eventuell Zähne) mit Allesmarker auf den Walnusskopf zeichnen.

7 Die Fledermaus kopfüber an einen Zweig oder Ast hängen.

## Tipp

Einen Ast mit mehreren Fledermäusen an einem Nylonfaden frei im Raum aufhängen.

# Kleine Hexen

**Material**

- 2 Stämmchen, 3,5–4 cm Ø, ca. 13 cm lang, an einer Seite schräg abgesägt
- 4 getrocknete Bohnen in Weiß
- 32 Pfefferkörner in Schwarz
- Pfefferkorn in Weiß
- 2 getrocknete Chilischoten
- 2 Zweigabschnitte, 0,75 cm Ø, 12 cm lang
- Thujazweige
- 2 Stoffreste, 25 x 15 cm
- Juteschnur, jeweils 20 cm lang
- Dünner Allesmarker in Schwarz

1 Die Gesichter gestalten: Die einzelnen Teile auf den schrägen Flächen der Stämmchen mit Klebstoff vorzeichnen, d. h. Punkte für Nasen und Augen setzen, Linien für Münder und Augenbrauen ziehen. Der Abbildung entsprechend Bohnen, Chilischoten und Pfefferkörner in den noch feuchten Klebstoff drücken.

2 Bei einer Hexe zusätzlich noch einen Zahn (weißes Pfefferkorn), bei der anderen eine Warze (schwarzes Pfefferkorn) auf den Nasenrücken kleben.

3 Die Rechtecke aus Stoff quer als Kopftücher umlegen und zwei Zipfel vorn verknoten. Die Tücher mit wenig Klebstoff jeweils oben an der Stirn fixieren.

4 Für die Hexenbesen kurze Thujazweige rund um die Zweigabschnitte legen und mit Juteschnur fest umwickeln. Die Schnurenden verknoten.

5 Die Besen seitlich an den Hexenfiguren anbringen.

## Tipp

Auf der Erde liegende Äste im Wald suchen oder bei Gartenfreunden nach Ästen fragen, die beim Rückschnitt anfallen. Ein Erwachsener sollte den Ast dann passend zusägen. Wer selber keine Möglichkeit dazu hat, bringt ihn in eine Schreinerei.

# Zapfenflitzer

**Material**

- Länglicher Zapfen, z. B. Fichtenzapfen, ca. 6 cm Ø, 14 cm lang (Wagen)
- 4 Aststücke, 1,5 cm Ø, 3 – 4 cm lang (Körper)
- 4 Kastanien, 2 – 2,5 cm Ø (Köpfe)
- 4 Kastanien, 3,5 – 4 cm Ø (Räder)
- 4 Eichelhütchen (Helme)
- 4 Pfefferkörner in Weiß
- Wollrest in Braun
- 2 Holzperlen in Weiß, 1 cm Ø
- 2 Holzperlen in Rot, 1 cm Ø
- 8 Holzperlen in Natur, 0,4 cm Ø
- 2 Zahnstocher
- Prickelnadel
- Dünne Allesmarker in Schwarz, Weiß
- Acrylfarbe in Weiß
- Pinsel

1 Auf einer gedachten Mittellinie des Zapfens Schuppen auszupfen, um eine Vertiefung zu erhalten. Das wird das „Wageninnere", in dem später die Figuren befestigt werden.

2 Am stumpfen Zapfenende zwei weiße Holzperlen als Scheinwerfer und an der Zapfenspitze zwei rote Holzperlen als Rücklichter anbringen.

3 An der Unterseite des Wagens zwei Zahnstocher als Achsen quer zwischen die Schuppen kleben. Kastanien mit der Prickelnadel mittig vorstechen und als Räder auf die Zahnstocher stecken, eventuell festkleben.

4 Die Figuren anfertigen: Kleine Kastanien als Köpfe auf die Körper aus Aststücken kleben. Pfefferkörner als Nasen, Eichelhütchen als Helme anbringen. Die Gesichter mit Allesmarker aufmalen. Weiße Lichtpunkte auf die schwarzen Pupillen setzen.

5 8 cm lange Wollfäden als Arme zuschneiden. Naturfarbene Holzperlen als Hände auf die Fadenenden kleben. Die Wollfäden jeweils hinter dem Kopf am Körper befestigen.

6 Die Figuren mit reichlich Klebstoff im Wagen fixieren. Die Hände jeweils an den Vordermann kleben.

# Schnecken & Pilze

**Material**

- Baumrinde, ca. 16 x 16 cm
- 6 Aststücke, 1–2,5 cm Ø, 3–5 cm lang
- 2 halbe Walnussschalen
- 4 halbe Kastanienschalen
- 4–5 kleine Zapfen
- Moos (aus der Gärtnerei)
- 4 Schneckenhäuser
- 3 s-förmig gebogene Zweigabschnitte von Weide oder Zierhasel, ca. 5 cm lang
- 6 Stiele von Eicheln einer Stieleiche, 4–6 cm lang
- Pappe (von einem Pappkarton)
- 3 Holzperlen in Grün, 1–1,5 cm Ø
- Dünne Allesmarker in Schwarz, Weiß
- Schnitzmesser

1 Die Baumrinde auf die Pappe legen und den Umriss mit einem Bleistift nachzeichnen. Die Form etwas kleiner ausschneiden und unter die Rinde kleben.

2 An mehreren Stellen Moos auf die Rinde kleben.

3 Für die Pilze halbe Walnuss- und Kastanienschalen auf den Aststücken befestigen und diese auf der Rinde fixieren.

4 Für die Schneckenkörper gebogene Weiden- oder Zierhaselzweige mit dem Schnitzmesser etwas anspitzen (Erwachsener) und Holzperlen als Köpfe anbringen.

5 Eichelstiele als Fühler in die oberen Bohrungen der Holzperlen einkleben. Mit Allesmarker Gesichter aufmalen.

6 Schneckenhäuser auf die Körper kleben und die fertigen Schnecken auf der Rinde anbringen.

7 Den Pilzwald mit Zapfen und weiteren Schneckenhäuschen verzieren.

## Tipp

Die Walnüsse entlang der Naht mit dem Messer öffnen (Erwachsener), so bleiben die Schalen meist unbeschädigt.
Die Stacheln der Kastanienschalen vor dem Trocknen mit der Gartenschere abschneiden und dabei am besten Gartenhandschuhe tragen.

# Blattgespenster

**Material**

- Ast ohne Rinde, 30 cm lang
- 8 Ahornblätter, davon jeweils 2 in gleicher Größe
- 4 Fliederblätter, 6–7 cm Ø
- 4 Eschenblätter, 6–7 cm lang
- 2 kleine Kastanien
- 2 kleine Zapfen
- Zwirn in Schwarz
- Acrylfarbe in Weiß
- Dünner Allesmarker in Schwarz
- Wattestäbchen
- Prickelnadel oder Kastanienbohrer

1 Alle Blätter pressen, siehe dazu Hinweise auf Seite 6.

2 Für jedes Gespenst ein Ahornblatt mit der geaderten Unterseite nach oben auf die Arbeitsfläche legen und flächig mit Klebstoff bestreichen. Einen 50 cm langen Faden vom Stiel bis zur mittleren Spitze so auflegen, dass an jeder Seite gleich viel Faden übersteht.

3 Ein zweites, etwa gleich großes Blatt auflegen und vorsichtig andrücken.

4 Für den Kopf jeweils zwei kleine Blätter aufeinanderkleben und dabei den Stiel der Ahornblätter und den Aufhängefaden in der Mitte einlegen.

5 Augen aufmalen: Mit dem Wattestäbchen weiße Acrylfarbe punktförmig aufdrucken und trocknen lassen. Pupillen mit dem Allesmarker andeuten, ebenso die Münder.

6 Alle Fäden nebeneinander, aber unterschiedlich lang, an den Ast knoten. Die Knoten jeweils mit einem Tropfen Klebstoff fixieren.

7 Die beiden Kastanien mit der Prickelnadel oder einem Kastanienbohrer mittig durchbohren und an die Fadenenden von zwei Gespenstern binden. Bei den übrigen Gespenstern kleine Zapfen befestigen.

8 Einen Aufhängefaden an den Ast knoten und dabei das Mobile ausbalancieren.

# Winter

Anleitung Seite 52

# Weihnachtswichtel

Abbildung siehe Seite 51

**Material**

- Baumrinde, ca. 8 x 20 cm
- 6 Erdnüsse mit Schale
- 8 Pfefferkörner in Rot
- Rohwolle in Natur
- Dicker Filzstift in Rot
- Dünner Allesmarker in Schwarz
- Cutter

1 Für jeden Wichtel eine Erdnuss am runden Ende mit dem Cutter glatt kürzen (Erwachsener), damit die Nuss aufrecht stehen kann.

2 Mit dem roten Filzstift Mäntel und Mützen und mit dem schwarzen Allesmarker Gesichter aufmalen.

3 Kleine Flocken aus der Rohwolle zupfen, mit den Fingern formen und als Bärte ankleben.

4 Als Nasen und als Mützenquasten rote Pfefferkörner fixieren.

5 Die Wichtel erst probeweise auf der Baumrinde aufstellen, beispielsweise in einer kleinen Gruppe, und dann festkleben.

6 Als Säckchen Erdnüsse quer halbieren und mit der Öffnung nach unten neben die Wichtel kleben.

## Tipp

Erdnussschalen lassen sich auch mit einer kleinen spitzen Schere schneiden: Mit der geschlossenen Scherenspitze in die Schale stechen und die Schale dann am Loch beginnend rundum aufschneiden. Variante zur Abbildung: Die Weihnachtswichtel mit der Klebepistole auf Tannenreisig anstatt auf Baumrinde kleben.

# Weihnachtsbaum

**Material**

- Zapfen, z. B. Kiefernzapfen, 6–8 cm Ø, 8 cm hoch
- Pfefferkörner in Weiß
- Tontopf, ca. 5 cm Ø
- Wollkordel in Dunkelgrün, 1 cm Ø, 150 cm lang
- Ca. 80 Holzperlen in Gelb, Rot, Pink, Violett, Blau, Türkis, Grün, 0,6 – 1,2 cm Ø
- Holzperle in Pink, 1,7 cm Ø

1 Den Tontopf gleichmäßig mit Klebstoff bestreichen und mit der Wollkordel umwickeln. Anfang und Ende der Kordel versteckt anbringen.

2 Den inneren Topfrand mit einer Klebstofflinie versehen und den Zapfen einstecken.

3 Die Holzperlen schrittweise aufkleben: Immer etwa zehn Zapfenschuppen mit je einem Tropfen Klebstoff benetzen und dann die Holzperlen auflegen.

4 An der Zapfenspitze drei Holzperlen (die größte Perle zuunterst) aufeinanderkleben.

5 Am oberen Rand der Wollhülle eine Reihe Pfefferkörner gleichmäßig verteilt fixieren.

## Tipp

Wer Glanzeffekte mag, verziert die Holzperlen mit Glitzerkleber oder Glitzerfarbstiften.

# Vögel im Winter

**Material**

- 6 Schwarzkiefernzapfen in zwei Größen
- 3 Erdnüsse mit Schale
- 6 kleine Haselnüsse
- Ast, 4 cm Ø, 25 cm lang
- 6 Sternanise
- Juteschnur
- Cutter
- Dünner Allesmarker in Schwarz
- Buntstift in Weiß

1 Bei den drei größten Zapfen die Spitzen herausbrechen und an diesen Bruchstellen auf den Ast kleben: Die flachen Seiten der Zapfen zeigen nach oben.

2 Die kleineren Zapfen mit der flachen Seite nach unten als Köpfe auf die größeren kleben.

3 Je zwei Haselnüsse mit den flachen Seiten nach außen als Augäpfel zwischen die Schuppen der kleineren Zapfen kleben. Mit dem weißen Stift runde Augen aufmalen und mit dem schwarzen Allesmarker die Pupillen andeuten.

4 Für die Schnäbel Erdnüsse mit dem Cutter halbieren (Erwachsener), eine schwarze Schnabellinie aufmalen und zwischen die Zapfenschuppen kleben.

5 Aus den Anissternen jeweils drei Spitzen herausbrechen und den Rest als Krallen unterhalb des Körpers direkt auf den Ast kleben.

6 Den Ast mit einer Juteschnur aufhängen, zum Beispiel frei im Raum oder am Fenster.

## Tipp

Die Zapfen lassen sich am besten mit einer Klebepistole zusammenkleben bzw. auf dem Ast fixieren, da die Lücken zwischen den Schuppen mit Klebstoffmasse ausgefüllt werden müssen.
Zum Thema Kleben mit einer Niedertemperatur-Klebepistole siehe auch die Hinweise auf Seite 18.

# Waldohreule

**Material**

- Mintolaball (auch Mintollaball)
- 2 getrocknete Lotusfrüchte
- Kastanienschale
- Pfirsichkern
- 2 Sternanise
- 2 Schneckenhäuser
- Baumrinde, ca. 14 x 6 cm
- Naturbast
- Cutter

1 Den Mintolaball aufrecht stehend auf die Rinde kleben. Das geht am besten mit einer Klebepistole, siehe Seite 18.

2 Aus den Anissternen jeweils drei Spitzen herausbrechen und den Rest als Krallen unterhalb des Mintolaballs direkt auf die Rinde kleben.

3 Die Lotusfrüchte mit viel Klebstoff so auf dem oberen Teil des Balles fixieren, dass sie sich in der Mitte berühren. Darauf die Schneckenhäuser als Augen anbringen.

4 Den Pfirsichkern als Schnabel in der Mitte unter den Lotusfrüchten ankleben.

5 Die Kastanienschale mit einem Cutter vierteln (Erwachsener) und zwei der Viertel als Federohren festkleben.

6 Drei 1 m lange Bastfäden zusammennehmen und über vier Finger einer Hand wickeln. Den Strang von den Fingern abziehen und die Mitte mit einem Baststück fest abbinden. Die Enden spreizen und mittig hinter die Lotusfrüchte kleben.

## Tipp

Der zwischen 8 bis 12 cm lange Mintola- oder Mintollaball ist eine aus Indien stammende Frucht, die gern für Dekozwecke verwendet wird. Die Frucht erinnert an eine übergroße Walnuss, denn ihre Oberfläche weist eine ähnliche netzartige Struktur auf.

# Orangensterne

**Material**

- Orange oder 6 getrocknete Orangenscheiben
- Naturbast/Stickfaden
- 30 Zahnstocher
- Perlen, Würfel, Walzen und Oliven aus Holz mit durchgehender Bohrungin Gelb, Orange, Rot, Pink, ca. 0,8 cm Ø
- Backblech, Backpapier
- Küchenmesser
- Backofen

1 Die Orange in 0,5 bis 1 cm dicke Scheiben schneiden. Die Scheiben einzeln nebeneinander auf ein mit Backpapier ausgelegtes Backblech setzen und bei 100 °C Umluft zwei bis drei Stunden lang trocknen. Dabei die Backofentür nicht ganz schließen, beispielsweise einen Kochlöffel einklemmen.

2 Je nach Durchmesser der Orangenscheibe acht, zehn oder zwölf Zahnstocher sternförmig so auf die Scheibe kleben, dass die Spieße etwa 4 cm über den Rand hinausragen. Einen Aufhängefaden einlegen und die zweite Scheibe deckungsgleich aufkleben.

3 Jeweils einen Tropfen Klebstoff auf die Bohrungen der Holzperlen usw. geben und die Perlen in Zweier-, Dreier- oder Viererreihen auf die Spieße stecken. Die Stabspitzen sollten nicht mehr zu sehen sein.

## Tipp

Energiesparender ist folgende Methode, wenn im Winter sowieso geheizt wird: Die Orangenscheiben mit einem Holzbrett oder mit Küchenkrepp als Unterlage auf die Heizung legen und täglich wenden, damit sie gerade werden und sich nicht einrollen. Je nach Hitze der Heizkörper dauert der Vorgang aber einige Tage oder sogar bis zu zwei Wochen.
Wer sich die Mühe mit dem Trocknen nicht selber machen möchte: Getrocknete Orangenscheiben sind zu Dekozwecken auch im Handel erhältlich.

# Vorlagen

1

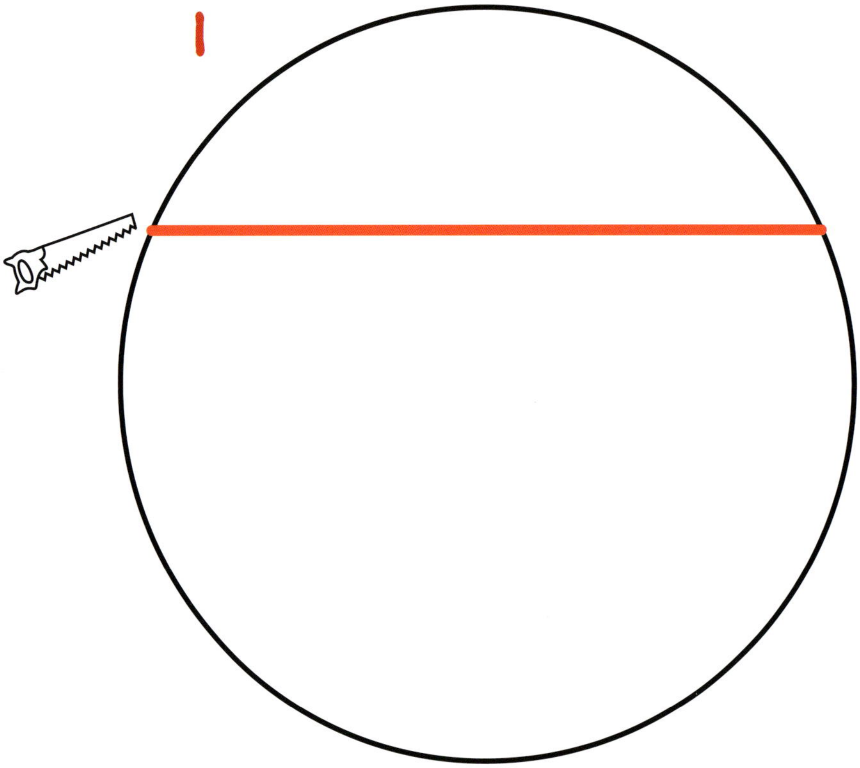

3

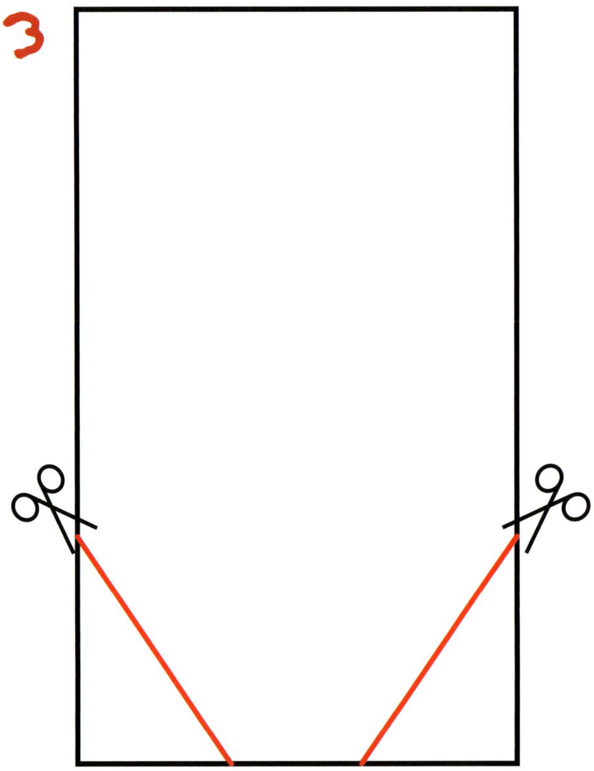

2

## Impressum

**Lektorat:** Elke Fox, Freiburg
**Redaktion:** Franziska Schlesinger, Freiburg
**Fotos & Styling:** Roland Krieg, Waldkirch;
Fotolia: Miredi (S. 2, oben links), Serhiy Kobyakov (S. 2, unten links), Gorilla (S. 2 unten rechts);
©iStockfoto.com/Funwithfood (S. 2, oben rechts);
Sybille Rogaczewski-Nogai (S. 7/8)
**Umschlaggestaltung und Satz:** GrafikwerkFreiburg
**Repro:** Meyle + Müller GmbH & Co. KG, Pforzheim
**Druck und Verarbeitung:** Polygraf Print, Slowakei

**ISBN 978-3-8388-3426-9**
**Art.-Nr. CV3426**

3. Auflage 2014



Autorin und Verlag haben alle Angaben und Anleitungen mit größtmöglicher Sorgfalt zusammengestellt. Dennoch kann bei Fehlern keinerlei Haftung für direkte oder indirekte Folgen übernommen werden. Der Verlag übernimmt keine Gewähr und keine Haftung für die Verfügbarkeit der gezeigten Materialien.

### Kreativ-Service

Sie haben Fragen zu den Büchern und Materialien? Frau Erika Noll ist für Sie da und berät Sie rund um alle Kreativthemen. Rufen Sie an! Wir interessieren uns auch für Ihre eigenen Ideen und Anregungen. Sie erreichen Frau Noll per E-Mail: **mail@kreativ-service.info** oder Tel.: **+49 (0) 5052 / 91 18 58** Montag–Donnerstag: 9 – 17 Uhr / Freitag: 9 – 13 Uhr

**Besuchen Sie uns im Internet:** www.christophorus-verlag.de